Liebe ICH

Zum Titel des Buches:

Irgendwann sah ich den Film „Vergiss mich nicht" aus dem Jahr 2010 mit Sophie Marceau als Hauptdarstellerin.

In diesem Film wird die Geschichte einer jungen erfolgreichen Businessfrau erzählt, die an ihrem 30-sten Geburtstag von einem Anwalt Briefe überreicht bekommt:

Sie hat als 8-jährige diese Briefe an sich selber geschrieben: Als Mahnung, als Erinnerung, ihre eigenen Ziele und Träume nicht aus den Augen zu verlieren !

Immer beginnen die Zeilen mit ...

LIEBE ICH

Diese faszinierende Idee ging mir nicht mehr aus dem Sinn – und da ich auch meine Texte manchmal als Mahnung, zumindest an mich selber, verstehe, soll nun dieses Büchlein den so sehr schönen Titel bekommen:

LIEBE ICH

Da sich jedoch eine ganze Reihe von Texten thematisch etwas anders darstellen, habe ich zur Abgrenzung ein weiteres Motto gewählt:

LIEBE MENSCHEN und LIEBE WELT

Liebe **ICH**

Kerstin F. Wolff

Bibliografische Information der Deutschen Nationalbibliothek:
Die Deutsche Nationalbibliothek verzeichnet diese Publikation in der Deut-schen Nationalbibliografie; detaillierte bibliografische Daten sind im Internet über http://dnb.dnb.de abrufbar.

Titelseitenbild und Bilder im Innenteil: *Frauke Hampe*
Realisation Umschlag-Layout: *Hans-Jürgen Nolte*

Kontakt:
autorin.kerstin.f.wolff@t-online.de

Die Autorin im Internet:
www.kerstin-f-wolff.jimdo.com

Von der Autorin auch erhältlich:
Mein Kartenhaus, BoD 2016, ISBN 9 783741 275104
Mein Weg zum wirklichen Ich, BoD 2016, ISBN 9 783741 279997
Fenster & Stolpersteine, BoD 2018, ISBN 9 783744 854382
Atlas - & so viele andere, BoD 2018, ISBN 9 783752 868593

Herstellung und Verlag: BoD – Books on Demand, Norderstedt

ISBN 9783748188612

Gewidmet ist dieses Buch

. . . den Menschen . . . !

Und einen besonderen Dank verdienen :

Meine so besondere Ehefrau und Partnerin -
Danke dafür, dass du mein Leben bereicherst !

Frauke -
Danke für die vielen inspirierenden Gedanken und die
berührenden Bilder !

Liebe

ICH

. . .

altes ehepaar, das wir sind

du kennst meine
vorlieben
sehnsüchte
wünsche

ich kenne deine
ängste
- um mich -

200 milliarden galaxien im universum

scheiße,
es muss doch irgendwo da draußen
&
vor allem irgendwer da draußen

zuständig sein
für meine bestellungen

zuständig sein
für mein glück
für ein bisschen glück für mich

winterliche wärme

der winter so bitter kalt
die luft so eisig
der schnee so frostig

doch dein herz
so warm
so voller wärme für mich
dein herz
so voller wärme besonders für mich

& Steiff

müsste doch wirklich unbedingt
- ach, es wäre einfach zu schön -
- ach, es wäre so sehr wichtig -

einen bären
mit ausgestecktem mittelfinger

mir als
gefährten
tröster
freund
zur seite stellen

soll ich denn -

meiner eigenen stimme
&
meinem eigenen gefühl
vertrauen

die nein sagen
zu manchem

die vielleicht sagen
zu so vielem

die ja sagen
endlich zu mir

- werde ich denn ???

<u>mülleimer</u>

der ich bin
für
alles & jeden & jedes

ja, das bin ich
ja, das kann ich gut

doch wer
wer nur mag
mag sein herz
für mich
sein herz für mich ein wenig öffnen
?

oder betrunken oder bekifft

meine
gute fee
muss wohl
von allen guten geistern
verlassen gewesen sein

jedes jahr sylvester

guter vorsatz
ersehnter vorsatz
erflehter vorsatz

doch einziger vorsatz
--- seit so vielen jahren schon ---
:
einfach nur

überleben

ich gehe durch den tag

ich gehe durchs leben

&
so oft frage ich mich

ist es mein tag
ist es mein leben
?

was haben wir geast

mit pernod in cola
mit eiskaltem apfelkorn
mit überlautem 'Radar Love'
mit krümeligem tabak in schrumpeligen blättchen
mit endlosen küssen auf zerschlissenen sofas

was haben wir geast
mit unserer jugend

<u>ich habe angst</u>

angst um das universum

ob es denn wohl nicht vielleicht platzen wird

weil dein herz so groß
so unendlich groß ist

jetzt gerade
in dieser zeit

jetzt gerade
in deiner sorge
in deiner liebe
um & für
mich

```
                    ?

              ?  ??   ?  ?
            ? ?   ?   ?   ??? ?
        ? ? ?? ? ? ?? ?   ?   ?   ??? ?
          ? ?  ?? ? ? ??    ? ?
         ??    ? ?? ?    ??     ?
         ??    ? ?? ?      ?   ?
       ?? ? ?  ? ?? ?    ? ? ? ?? ?
        ? ?? ?  ?   ?   ??? ?
        ? ?  ?? ? ? ??    ? ?
              ??    ? ??
    ?    ??  ?  ??    ?   ?? ?     ?   ?
```

- das ist doch wohl nicht etwa -

ja genau !

- mein leben !
- mein ich !

habe ich etwa gedacht, dass die welt eine scheibe wäre ?

nein
nicht die ganze welt
habe ich
ja
aber meine welt
habe ich
auf den kopf gestellt

doch
die welt ist eine kugel
&
da muss ich wohl aufpassen
muss wohl auf mich achten

dass ich nicht einfach & aus versehen
herunterpurzele von dieser kugelwelt
die ich auf den kopf gestellt habe

christliche botschaft

& höret ihr mädels

& spüret ihr mädels

& fühlet ihr mädels

& wisset ihr mädels

. . .
ich bin mir da ganz sicher
. . .

wir sind göttlich
einfach göttlich
! ! !

wie blöd bin ich denn

habe ich mein vertrauen vergeben
an menschen
habe ich meine liebe angeboten
menschen

die mir nicht folgen
können oder mögen

menschen
die wohl am ende
wohl nur denken

wie blöd ist die denn

habe ich ein gesicht
hatte ich ein gesicht
?

&
wenn ich es recht bedenke
so von heute aus betrachtet
war ich
gesichtslos
so lange zeit

denn

mein wahres
mein wirkliches
mein
gesicht

das konnte niemand
das durfte niemand
sehen
so lange zeit

<u>ich bin böse . . .</u>

erkenne ich
gestehe ich
sehe ich ein

. . . auf so manches
&
. . . auf so manchen

ja,
ich bin wirklich böse . . .

noch immer wieder einmal schaue ich zurück

in mein leben
in meine gedanken

und dann spüre ich tatsächlich noch immer
die not
die tränen
die angst

und immer spüre ich tatsächlich auch wieder

die hoffnung

die mich am ende dann doch
weiter leben ließ

immer wieder einmal versuche ich

mich zu erinnern an
gesichter – namen - gesten
aus dem gestern
aus einem längst vergangen

mich zu erinnern an die,
die versuchten, mich zu lehren
:
zu lesen - zu schreiben
zu lachen – zu weinen
zu sprechen – zu denken
&
aufrecht zu stehen

ja, besonders auch
:
aufrecht zu stehen

mir vertrauen ?

... ich möchte wohl !

... ich würde so gerne !

mir vertrauen ?

... ich könnte es wagen ...

könnte mir erlauben zu sagen:

ICH VERTRAUE MIR !

& ja, endlich erkenne ich

ich darf mir vertrauen !

ich kann mir vertrauen !

& ja

ICH VERTRAUE MIR !

„wir sehen uns auf der anderen seite"

das hätte ich dir noch sagen wollen

doch diese worte
diese mahnung
diese hoffnung

habe ich dir nicht mehr sagen können

& nun hoffe ich so sehr

du wartest auf mich
- auf der anderen seite

menschen,
ein wenig besondere menschen,
wie wir . . .

die wünschen dir
hör' nicht auf verführer

habe einfach vertrauen
in dein eigenes gefühl

habe einfach auch ein wenig mut
deinem eigenen herzen zu folgen

habe einfach den stolz & die würde
dein ICH zu sein

ich weiß es nicht
ich weiß es einfach nicht
. . .
ob
sie
denn
wohl
M I R
vertrauen
. . .
so bedingungslos vertrauen
wie
auch
ich
M I R
vertraue
. . .
ja,
so wie ich mir bei mir sicher bin
nein,
so bin ich es bei ihnen nicht

da sind gedanken in meinem kopf
die kennst du nicht

da sind gefühle in meinem herzen
die hast du nicht

da ist ein gewissen in mir
das kennst du nicht

da ist ein ich in mir
das hast du nicht

auf antworten habe ich gewartet

verzweifelt hoffend . . .
so unendlich lange !

doch gar nicht gefragt hatte ich
. . .
die anderen
. . .
& vor allem
. . .
nicht mich

<u>sorge um mich</u>

durchs leben zu humpeln ist . . .

. . . witzig
. . . lustig
. . . spannend
. . . gut für die seele
. . . schön anzusehen
. . .
halt unendlich interessant
. . .
doch nur nicht für denjenigen, der
selber humpelt
selber durchs leben humpelt

noch ! ? . . .

noch ist nicht alles verloren

noch ist diese seele zu retten
denn:

noch lässt sich ein lächeln

& wenn auch nur
ein kleines flüchtiges lächeln

auf dieses gesicht
um diese lippen
. . .
zaubern

einfach so ! ! !

sie kamen & nahmen

meine
erinnerungen, träume & sehnsüchte

um sie zu entsorgen
&
um platz zu machen

für ihre
erinnerungen, träume & sehnsüchte

<u>tränenräuber</u>

sie weinen ein paar tränen
. . .
wo doch eigentlich
DU
so sehr weinen möchtest und dürftest
. . .
wo doch eigentlich
DU
ein anrecht auf tränen hättest

es regnet . . .
wolkenbruch . . .

. . . Gott weint . . .
. . . Gott schluchzt . . .

. . . doch wohl nicht für mich ?

. . . das könnte doch gar nicht sein !

NEIN NEIN NEIN NEIN NEIN NEIN NEIN NEIN
NEIN NEIN NEIN NEIN NEIN NEIN NEIN NEIN
NEIN NEIN NEIN NEIN NEIN NEIN NEIN NEIN
NEIN NEIN NEIN NEIN NEIN NEIN NEIN NEIN
NEIN NEIN NEIN NEIN NEIN NEIN NEIN NEIN
NEIN NEIN NEIN NEIN NEIN NEIN NEIN NEIN
NEIN NEIN NEIN NEIN NEIN NEIN NEIN NEIN
NEIN NEIN NEIN NEIN NEIN NEIN NEIN NEIN
NEIN NEIN NEIN NEIN NEIN NEIN NEIN NEIN
NEIN NEIN NEIN NEIN NEIN NEIN NEIN NEIN
NEIN NEIN NEIN NEIN NEIN NEIN NEIN NEIN
NEIN NEIN NEIN NEIN NEIN NEIN NEIN NEIN
NEIN NEIN NEIN NEIN NEIN NEIN NEIN NEIN
NEIN NEIN NEIN NEIN NEIN NEIN NEIN NEIN
NEIN NEIN NEIN NEIN NEIN NEIN NEIN NEIN
NEIN NEIN NEIN NEIN NEIN NEIN NEIN NEIN
NEIN NEIN NEIN NEIN NEIN NEIN NEIN NEIN
NEIN NEIN NEIN NEIN NEIN NEIN NEIN NEIN
NEIN NEIN NEIN NEIN NEIN NEIN NEIN NEIN

wir lassen uns nicht beirren,
in unserem

J A

<u>geheimnisse ?</u>

welche geheimnisse sollte ich denn vor dir haben ?
was sollte ich dir denn noch verschweigen wollen ?

hast du doch schon einmal

so tief . . .
. . . in meine seele . . .
. . . in meine not . . .
. . . gesehen

was könnte oder sollte dich
denn jetzt noch
ängstigen können
?

wohl einfach nie

wir haben wohl einfach nie
aufgehört
uns zu achten
uns zuzuhören
uns verstehen zu wollen
füreinander da zu sein
. . .
wir haben wohl einfach nie
angefangen
uns zu fragen
ist es
. . . liebe ?
& wahrscheinlich
ist es
. . . liebe !

<u>vom hättich . . .</u>

HÄTTICHDOCH...ACH
ÄTTICHDOCHACH...H
TTICHDOCHACH...HA
TICHDOCHACH...HAB
ICHDOCHACH...HABI
CHDOCHACH...HABIC
HDOCHACH...HABICH
DOCHACH...HABICHD
OCHACH...HABICHDO
CHACH...HABICHDOC
HACH...HABICHDOCH
ACH...HABICHDOCH!!!

<u>zum habich ! ! !</u>

IN...MEINEM...HERZEN...IST...ANGST

ANGST
IST
IN
MEINEM
HERZEN

ANGST...IST...IN...MEINEM...HERZEN
IST...IN...MEINEM...HERZEN...ANGST
IN...MEINEM...HERZEN...ANGST...IST
MEINEM...HERZEN...ANGST...IST...IN
HERZEN...ANGST...IST...IN...MEINEM
ANGST...IST...IN...MEINEM...HERZEN

IN
MEINEM
HERZEN
IST
ANGST

IN...MEINEM...HERZEN...IST...ANGST
MEINEM...HERZEN...IST...ANGST...IN
HERZEN...IST...ANGST...IN...MEINEM
IST...ANGST...IN...MEINEM...HERZEN
ANGST...IN...MEINEM...HERZEN...IST
IN...MEINEM...HERZEN...IST...ANGST

ANGST...IST...IN...MEINEM...HERZEN

43

<u>du weißt nicht . . .</u>

warum
wo
woher
wann
was
woran
wie
wen
welche
weshalb
wem
wieso
wodurch
wessen
weswegen
wohin
wozu
wo

nein,
das alles weißt du nicht
weißt nur

DASS

```
            N
V   E   R   T   R   A   U   E   N   ?
    I                           E
    N                           I
    !!!                         D
                                !!!
```

ICH . . . ! . . . ?

es scheint
es ist in mode
es ist eine tendenz
. . .
geworden
-wieder einmal-

nicht hören
nicht sehen
nicht sorgen
nicht achten

nein, das alles nicht
sondern einfach nur

- nicht nur zu denken sondern auch zu sagen -

ICH ICH ICH ICH ICH

<u>akzeptieren</u>

nicht wollen
aber doch müssen
. . .
das unsagbare
das unfassbare
das unabänderliche
das unabwendbare
. . .
akzeptieren -
nicht wollen aber am ende doch müssen

vom anfang . . .

```
                                    T
        T O T E N G R Ä B E R   I N
                                    Ü
                                    M
                                    M
                                    E
              K R I E G E R   I N
              Ä               F
              M               R
              P               A
              F               U
              E
      P O W E R F R A U
              I   E
              N   T
                  T
                  E
                  R
                  I
                  N
                  -
                  D
                  E
                  R
                  -
                  W
          S I E G E R I N
                  L
                  T
```

. . . zum ende

48

gefangen
im HEUTE
verfangen
im JETZT

ein GESTERN
so weit entfernt
- vergessen -

ein MORGEN
so weit entfernt
- unvorstellbar . . .

irgendwann sind auch die guten gedanken einfach einmal verbraucht für alles & jeden
! ! !
irg.ndw.nn s.nd au.h d.e gute. ge.anken .infach ei.mal verb.aucht f.r a.les & j.den
! ! !
i.g.ndw.n. s.n. a..h d.. g.te. ge.a.ken .inf.ch ei.m.l ve.b.auch. f.. a.le. & j.d.n
! ! !
i...nd..n. s... ...h ... g.t.. ge.a..en .i.f.ch ei...l ve.b.a.ch. .f.. a.l.. & j...n
! ! !
i...n...n. .... g.... g..a..en .i...ch .i...l .e.b.a.ch. .... a.... & j....
! ! !
i.......n. .... g..a..e. .....ch .....l .e...a.ch. .... .a.... & .....
! ! !
i......... .... g.....e. .....c. .....l .....a.ch. .... & .....
! ! !
....e. ....a.c.. .... & .....
! ! !
....a.... .... & .....
! ! !
....
! ! !

50

der nächste, bitte . . .

die großeltern

. . .

die eltern

. . .

ICH

tonnenschwer lastet die last
auf dir
so schwer so lange so unerbittlich

doch irgendwann
schnippst du mit dem finger
oder
blinzelst einfach einmal
. . .
& dann reibst du dir verwundert die augen
. . .
war da wirklich was
????????

lange genug . . .

JA JA JA JA JA JA JA JA JA JA JA JA
JA JJA JA JA JJA JA JA JA JA JA
JA JA JA JA JA JAJA JA JA JA JA JA
JA JA JA JA JA JA
JA JA JA JA JA JA JA
JA JA JA JA JA JA JA JA JA JA JA JA
JA JA JA JA JA JA JA JA JA
JA JA JA A JA

gesagt & auch lange genug . . .

JEIN JEIN JEIN JEIN JEIN JEIN JEIN JEIN
JEIN JEIN JEIN JEINJEIN JEIN JEIN
JEIN JEIN JEIN JEIN JEIN JEIN
JEIN JEIN JEIN JEIN JEIN JEIN JEIN JEIN
JEIN JEIN JEIN JEIN JEIN JEIN
JEIN JEIN JEIN JEIN JEIN JEIN JEIN JEIN
JEIN JEIN JEIN JEINJEIN JEIN JEIN JEIN
JEIN JEIN JEIN JEIN JEIN JEIN

gesagt - doch nun endlich . . .

NEIN NEIN NEIN NEIN NEIN NEIN NEIN NEIN
NEIN NEIN NEIN NEIN NEIN NEIN NEIN NEIN
NEIN NEIN NEIN NEIN NEIN NEIN NEIN NEIN
NEIN NEIN NEIN NEIN NEIN NEIN NEIN NEIN
NEIN NEIN NEIN NEIN NEIN NEIN NEIN NEIN
NEIN NEIN NEIN NEIN NEIN NEIN NEIN NEIN
NEIN NEIN NEIN NEIN NEIN NEIN NEIN NEIN
NEIN NEIN NEIN NEIN NEIN NEIN NEIN NEIN

. . . sagen können & auch wollen ! ! !

SO ICH ?

so hungrig
so neugierig
so ungeduldig
so maßlos
. . .
so gierig

SO ICH !

manchmal passiert es einfach so

HASS HASS HASS HASS HASS HASS
HASS HASS HASS HASS HASS HASS
HASS HASS HASS HASS HASS HASS
HASS HASS HASS HASS HASS HASS
HASS HASS HASS HASS HASS HASS
HASS HASS HASS HASS HASS HASS
HASS HASS HASS HASS HASS HASS
HASS HASS HASS HASS HASS HASS
HASS HASS HASS HASS HASS HASS
HASS HASS HASS HASS HASS HASS
HASS HASS HASS HASS HASS HASS
HASS HASS   kleines ich   HASS HASS
HASS HASS kleines ich MENSCH HASS HASS
HASS HASS HASS HASS HASS HASS
HASS HASS HASS HASS HASS HASS
HASS HASS HASS HASS HASS HASS
HASS HASS HASS HASS HASS HASS
HASS HASS HASS HASS HASS HASS
HASS HASS HASS HASS HASS HASS
HASS HASS HASS HASS HASS HASS
HASS HASS HASS HASS HASS HASS

freundin

dir
im Andromeda Nebel
winke ich zu

mir
in der Milchstraße
winkst du zu

. . .

doch
das winken werden wir niemals sehen
denn
wenn das winken bei uns sichtbar wird
sind wir schon lange wieder
. . .
sternenstaub

gute gedanken

zuversicht & hoffnungen
uversicht & hoffnunge
versicht & hoffnung
ersicht & hoffnun
rsicht & hoffnu
sicht & hoffn
icht & hoff
cht & hof
ht & ho
t & h
&

&
nun
?

erst
wenn

DU
. . .
NEIN
! ! !

sagst
. . .

dann
ermöglicht das anderen
. . .
zu denken
&
zu erkennen

alles wird gut

alles wird gut
. . .
ahnen glauben hoffen
wir

doch was ist denn am ende wirklich
. . .
G U T
? ? ?

endlich: ein

nachdrückliches
eindringliches
wichtiges
lautes
vehementes
klares
deutliches

ja, endlich: ein

N E I N

nur das dazwischen
lässt zu, dass es

ein oben & ein unten
. . .
links - rechts
. . .
frau - mann
. . .
du – ich

überhaupt geben kann

mein herz weint

. . .

so leise – so laut
so zaghaft – so schluchzend

mein herz weint

. . .

doch du
formst deine hände
und du
sammelst meine tränen

. . .

du sammelst meine tränen
um unsere liebe zu nähren

& du denkst
& du meinst
& du glaubst

ich doch nicht ! ! !

& doch, garantiert . . .

. . . auch du ! ! !

manchmal
nimmst du abschied
doch dann war es gar kein abschied

&

manchmal
merkst du gar nicht, dass es ein abschied war

ich bin etwas müde,
darf ich mir jetzt nicht auch ein wenig ruhe gönnen ?

ja,
müde bin ich
-ein wenig zumindest-

vielleicht war
das tal zu tief
der berg zu hoch
der weg zu weit
vielleicht war
mein traum zu groß
?

doch habe ich nicht
das tal durchquert
den berg erklommen
den weg bezwungen
?
doch habe ich nicht
meinen traum zum ich gemacht
?

ach ja, . . .

seele in not
die ich war
die ich bin
so manches mal

retterin in der not
die du warst
die du bist
so manches mal

. . . ach, ja !

liebe

MENSCHEN . . .

&

liebe

WELT . . .

diejenigen
die dir
gehorsam - treue - ehrfurcht
vor dem herrn
predigen

diejenigen
die dir das predigen

wollen doch nur selber
deine herren sein

farewell

als wir alle kamen
hatte der tod
seine arbeit bereits getan

ja
wir alle kamen
weil der tod
seine arbeit getan hatte

verlogen diese welt
diese welt um mich herum

doch,
wenn ich recht überlege und reflektiere
ist

verlogen
nicht diese welt

sondern verlogen eigenlich doch nur
der mensch

neugierige linsen
&
dahinter
neugierige augen
:

spähen aus

fremde
leben & alltäglichkeiten

ja
vielleicht auch fremde
lieben

vielleicht gar auch
deine & meine
kleinen großen
heimlichkeiten

sie sind religiös
&
sie lieben ihren gott
(oder sowas ähnliches)

sie sind so tief religiös
&
du siehst relgiöse intoleranz in ihren blicken
du siehst religiösen hass in ihren augen

& du siehst

den tod in ihren religiösen wünschen
den tod der ungläubigen in ihren religiösen wünschen
- deinen tod -
- meinen tod -

wir alle
kämpfen einen kampf

gegen uns ?

mit uns ?

für uns !

<u>am ende übrig</u>

ein kleiner koffer
zwei einkaufstüten
& darin
ein wenig kleidung
eine kette
eine brosche
zwei bilder
- übrig geblieben von diesem einen leben -

ein haus
so prall gefüllt
. . .
- doch was wird übrig bleiben -
am ende
ja, was wird übrig bleiben
am ende
?

wer einen hund schlagen will . . .

wer einen empfindsamen menschen . . .
wer einen verletzlichen menschen . . .
wer einen hilflosen menschen . . .

. . . zerstören will . . .

. . . wird einen knüppel finden !

„lügenpresse, lügenpresse"

skandierend, demonstrierend
ziehen sie durch die straßen

„lügenpresse, lügenpresse"

& ich frage mich ernsthaft
in welchem land sie denn wohl zu leben meinen

so gebt sie ihnen doch !!!
(wenn ihr sie denn so gar nicht mehr gebrauchen könnt)

so gebt sie ihnen doch
ihr geizigen
ihr egoisten
ihr geizkragen
ihr kleinmütigen
ihr kleingeistigen

so gebt sie ihnen doch
& zeigt größe
& zeigt liebe

so gebt sie ihnen doch
den verzweifelten
den verzagten
den hoffnungslosen

so schenkt sie doch hin
- wenn ihr sie denn so gar nicht mehr gebrauchen könnt -
eure organe

ihr wisst es doch bestimmt auch

so manche

feldherren
politiker
helden
tolle menschen

sind in wahrheit
gar keine

feldherren
politiker
helden
tolle menschen

sondern einfach nur
verbrecher

ach, gott

ach,
gott hatte es nicht gut mit
allen
menschen getroffen

. . . denn . . .

schau sie dir doch an,
so manche

hör ihnen doch nur zu,
so manchen

. . .

ach, gott
müsste doch selber eigentlich nur
kotzen
können - wollen – müssen
über manche

WER IN DER DEMOKRATIE SCHLÄFT . . .

zu spät, befürchte ich, ahne ich

. . . WER IN DER DEMOKRATIE SCHLÄFT . . .

werden die menschen erwachen

. . . WER IN DER DEMOKRATIE SCHLÄFT . . .

mancherorts – und auch so nah

. . . WER IN DER DEMOKRATIE SCHLÄFT . . .

zu spät, befürchte ich, ahne ich
werden wir menschen erwachen
wenn überhaupt

. . . WACHT IN EINER DIKTATUR AUF

silberhochzeit

die gäste so zahlreich & nett
die feier so fröhlich & ausgelassen

& er denkt . . .
an die zärtlichkeit
die zuneigung
die begierde
. . . seiner geliebten

& sie denkt . . .
an die zärtlichkeit
die zuneigung
die begierde
. . . ihres geliebten

30.06.2017: endlich: EHE FÜR ALLE

- 1 -

euer
leises unbehagen
eure
leichten bedenken
eure
begründungen
aus den traditionen
aus der vergangenheit

sie sagen uns doch nur:
ihr seid nicht wie wir
oder vielleicht ?
ihr seid nicht normal
oder auch ?
ihr seid minderwertig

für ein klein wenig
bequemlichkeit
seelenfrieden
tradition

verweigerten SIE uns so lange

UNSER glück
UNSEREN frieden

UNS
so
lesbisch-schwul-trans

doch nun, ach, . . . bitte,

gebt doch endlich ruhe
gönnt doch auch uns unseren frieden
&
akzeptiert doch endlich einfach
wir sind nicht wirklich anders als ihr

sie, so viele
bewunderten
bejubelten
folgten
ihrem führer
in den untergang
... damals

& auch heute wieder
bejubeln sie, so viele
ihre führer

„jeder verrückte ist anders" ! ?

sagte Christa, von zeit zu zeit

& erfreute sich dann
an so manchen menschen

& besonders auch an denen
die vielleicht belächelt wurden
deren last ein wenig schwerer wog
die halt ein wenig anders waren

ja, Christa wusste ganz genau -
jeder verrückte ist anders
& dabei
doch eigentlich gar nicht verrückt
sondern eigentlich nur -
mensch

WIRKLICH ?

och, wieso . . .
ach, das bisschen . . .

. . . das zählt doch gar nicht
. . . darauf kommt es doch gar nicht an

<u>wirklich ?</u>

- - - sie wissen - - -

sie wissen dieses
& jenes
& neues
& vertrauliches
& großartiges
& alles

- - - einfach alles - - -

& ja,
so viele wissen auch
so vieles besser

spinne, du

unbeweglich sitzt du & wartest
. . .
sitzt & wartest
sitzt & wartest
sitzt & wartest
sitzt & wartest
sitzt & wartest
sitzt & wartest
sitzt & wartest
sitzt & wartest
sitzt & wartest
sitzt & wartest
sitzt & wartest
sitzt & wartest
sitzt & wartest
sitzt & wartest
. . .
ja, spinne, du
hast geduld
mit deinen opfern

hast du eigentlich schon einmal geglaubt ?

. . .

du ahnst gott

. . .

du spürst gott

. . .

du bist gott

. . .

nein ?

. . .

naja,
besser ist das auch

wirklich wissen tun sie es auch nicht

aber sie glauben
- tief -
- fest -
- inständig -
- unerschütterlich -

&
weil sie so sehr
glauben

glauben sie, anderen
deren gewissheit
deren leben
:
absprechen zu dürfen

sie sind schon da . . .

wir haben uns immer gefürchtet,
dass sie zurückkommen werden
dass sie wieder erstarken könnten
&
wir haben
gesungen, geschrieben, gedichtet
uns hoffnung gemacht wir könnten
die kleinen freiheiten, fortschritte
bewahren für die zukunft
bewahren für unsere kinder
&
wir haben
gesungen, geschrieben, gedichtet
wir könnten sie besiegen
& wir haben immer gehofft
dass sie nie wieder erstarken würden
dass sie nie wieder zurückkehren würden

doch
. . . sie sind schon da
& obwohl wir sie nicht sehen konnten
. . . sind sie wohl auch immer da gewesen

noch kein hass an deiner hauswand ?
noch kein fenster eingeworfen ?
noch keine beschimpfung im netz ?

haben sie dich noch nicht entdeckt ?
war noch niemand mutig genug ?

ach, keine sorge,
das kommt schon,
denn . . .

. . . es kommt alles
WIEDER

so manche staatenlenker

so manche staatenlenker
& ihre getreuen & ihre mitläufer

es gruselt uns vor ihnen
vielleicht aber auch
finden wir sie zum lachen

&
doch haben
SIE
die macht
UNS
zu zerstören

wir kennen die namen
der mächtigen der welt

doch wir kennen nicht die namen
der ungezählten opfer
der mächtigen der welt

du hast eine wange hingehalten
du hast die andere wange hingehalten
du hast dir in den hintern treten lassen
du hast was auf die fresse bekommen

ja,
es gibt halt verlierer, opfer,

& doch:

aber, ja,
es gibt halt die auch eigentlich wirklich starken

sie heben mahnend den finger

& sie reden
von ehre
von anstand
von verantwortung

ja, ja,
sie heben mahnend den finger

& sie reden . . .

er drohte
ich werde die welt zerstören
&
er zerstörte die welt

&
seine anhänger sagen
:
er hat einen guten charakter
er hat einen starken charakter
. . .
er tut doch genau das,
was er versprochen hat

GIVE PEACE A CHANCE ?

so sehr
so oft
so schwer

fällt es dir immer wieder

frieden zu machen mit so vielen
frieden zu gewähren so manchen

doch . . .
bitte . . .

GIVE PEACE A CHANCE !

& du bewundest ihren mantel

so schützend
so wärmend
erscheint er dir

doch irgendwann erkennst du

es ist doch nur ein deckmäntelchen
. . .
unter dem sie alles verstecken

haben sie nicht auch ein anrecht ! ?

sie leben

. . .

in uns
auf uns
mit uns
&
irgendwann einmal vielleicht

. . .

ohne uns
?

jeden tag . . . 8.000, ja, achttausend . . . jeden tag . . .

. . . rote rosen für dich ?
. . . gedichte für eine liebste ?
. . . bäume gepflanzt ?
. . . gute gedanken gehabt ?

. . . lächeln verschenkt ?

nein,
. . . mädchen & frauen
deren genital verstümmelt wird

Informationen über und Initiativen gegen die grausamen und men-
schenrechtsverletzenden Praktiken der weiblichen Genitalverstümme-
lung (FGM) sind hier zu finden:
=> www.frauenrechte.de von 'Terre des Femme'
=> www.fulda-mosocho-project.com

sie drehen am rad
am wirklich großen rad
. . .
schneller
immer schneller
schneller
immer schneller
schneller
immer schneller

& dabei
. . .
drehen sie das rad
zurück
! ! !

der diamant funkelt
das gold erstrahlt
. . .
so sehr zur zierde jeder frau

&
DOCH
KLEBT
BLUT
AN
VIELEN
DIAMANTEN
&
KLEBT
BLUT
AN
MANCHEM
GOLD

kunstwerk

sehen
hören
schmecken
riechen
lesen
kannst du es

aber natürlich -
musst du es nicht mögen
dieses kunstwerk

& doch -
könntest du die
gedanken - gefühle – mühsal – fertigkeit
anerkennen

wenigstens das

aber es gibt auch . . .

je eher etwas . . .

- neu ist -
- anders ist -
- gegen gestern ist -

. . . desto evolution

. . . die ewig gestrigen

& wir entsorgen alles

in das wasser
in die erde
in die luft
. . .
in unser wasser
in unsere erde
in unsere luft

& wir denken
da ist alles dann gut aufgehoben
da ist alles dann weit weg

& doch

am ende dann

essen & trinken & atmen
aus unserem wasser
von unsere erde
aus unserer luft
wir alles einfach doch wieder in uns hinein

ja, am ende
ALLES

bange frage ? - hoffnungsschimmer ?

wann ?

wann endlich ?

wann endlich explodiert unsere sonne ?

supernova

so oft glauben wir
die welt wird gleich
untergehen

& so oft dachten wir schon
die welt geht gerade jetzt
unter

doch -
unsere welt wird nur ein einziges mal
& dann endgültig
untergehen

heldentum !

sie konnten schwärmen
vom heldentum
—- immer schon ---
& sie können es
—- noch heute ---
--- heute wieder ---

doch
von den körpern, geschüttelt vom fieber
von fehlenden armen & beinen
von zerschossenen gesichtern
vom geruch des leids
vom tod

nein,
davon schwärmen sie nicht
das verschweigen sie einfach
. . .
das verschweigen sie uns

„phosphormäuse"

fallen vom himmel
laufen durch die straßen
todbringend, so wie
die granaten & geschosse
der krieg

„phosphormäuse"
leben noch immer
in ihren träumen
in ihren erinnerungen
in ihren ängsten
in ihren geschichten

in ihren berichten über diese zeit
da leben sie noch immer
die not – der hunger – das leid – der tod

& ja, sie fallen noch immer vom himmel
„phosphormäuse"
- irgendwo auf dieser welt -

(Phosphorbomben – die Eltern meiner Generation haben sie
wirklich erlebt - in Deutschland, Frankreich, unserem EUROPA)

Europa ?

mein vater
hat auf Franzosen geschossen
Franzosen
haben auf meinen vater geschossen

. . .

meine beiden großväter
haben auf Franzosen geschossen
Franzosen
haben auf meine beiden großväter geschossen

meine beiden großväter
überlebten die geschosse der
Franzosen
& haben diese geschosse dann sogar so viele jahre noch
in ihrem körper getragen

Europa ! ! !

Oma Wally (1907 - 1991)

Oma Wally,
du hast uns erzählt,

dass deine zwei Brüder von den Nazis
exekutiert worden sind

dass deine kleine Tochter im Krieg
in deinen Armen verhungert ist

dass dein ältester Sohn
in Luxemburg gefallen ist

dass dein Mann kurz nach Entlassung
aus russischer Gefangenschaft gestorben ist

Oma Wally,
du hast uns nicht erzählt,

warum du nicht am Leben verzweifelt bist